中国儿童核心素养培养计划

课后半小时

小学生阶段阅读

文化基础 ✕ 自主发展 ✕ 社会参与

奇妙化学

课后半小时编辑组 ■ 编著

打开魔术的大门

005

北京理工大学出版社
BEIJING INSTITUTE OF TECHNOLOGY PRESS

第 1 天 万能数学 〈数学思维〉
第 2 天 地理世界 〈观察能力 地理基础〉
第 3 天 物理现象 〈观察能力 物理基础〉
第 4 天 神奇生物 〈观察能力 生物基础〉
第 ❺ 天 奇妙化学 • 理解能力 想象能力 化学基础

第 6 天 寻找科学 〈观察能力 探究能力〉
第 7 天 科学思维 〈逻辑推理〉
第 8 天 科学实践 〈探究能力 逻辑推理〉
第 9 天 科学成果 〈探究能力 批判思维〉
第 10 天 科学态度 〈批判思维〉

文化基础 — 科学基础 — 科学精神 — 人文底蕴

核心素养之旅
Journey of Core Literacy

中国学生发展核心素养,指的是学生应具备的、能够适应终身发展和社会发展的必备品格和关键能力。简单来说,它是可以武装你的铠甲、是可以助力你成长的利器。有了它,再多的坎坷你都可以跨过,然后一路登上最高的山巅。怎么样,你准备好开启你的核心素养之旅了吗?

第 11 天 美丽中国 〈传承能力〉
第 12 天 中国历史 〈人文情怀 传承能力〉
第 13 天 中国文化 〈传承能力〉
第 14 天 连接世界 〈人文情怀 国际视野〉
第 15 天 多彩世界 〈国际视野〉

学会学习

第 16 天 探秘大脑 〈反思能力〉
第 17 天 高效学习 〈自主能力 规划能力〉
第 18 天 学会观察 〈观察能力 反思能力〉
第 19 天 学会应用 〈自主能力〉
第 20 天 机器学习 〈信息意识〉

自主发展

健康生活

第 21 天 认识自己 〈抗挫折能力 自信感〉
第 22 天 社会交往 〈社交能力 情商力〉

社会参与 — 责任担当 — 实践创新 — 总结复习

第 23 天 国防科技 〈民族自信〉
第 24 天 中国力量 〈民族自信〉
第 25 天 保护地球 〈责任感 反思能力 国际视野〉

第 26 天 生命密码 〈创新实践〉
第 27 天 生物技术 〈创新实践〉
第 28 天 世纪能源 〈创新实践〉
第 29 天 空天梦想 〈创新实践〉
第 30 天 工程思维 〈创新实践〉

第 31 天 概念之书

卷首

4
"魔术"的大门向你敞开

"魔术"的大门向你敞开

提到"化学"两个字,你能想到什么呢? 是看不见的分子、原子,还是熊熊燃烧起来的火焰? 其实,化学一直都藏在你的身边,每时每刻都在上演着化学世界的一幕幕。地球,也是化学的地球。化学,就像是魔术一样,为我们变出了奇妙而美丽的世界。

从很久很久以前,人们就已经摸索到了化学的大门。我们的祖先意识到了火的重要性,然后他们学会了使用火,就这样,他们开始了最早的化学实践活动。后来,人们学会了烧制陶器、冶炼金属、酿酒制醋,化学工艺慢慢地改变着人们的生活。只不过,这个时候并没有系统的化学知识。后来,在对长生不老的追求的驱使下,炼丹家开始了最早的化学实验,他们留下来的经验成就了中国古代四大发明之火药。但是不管是东方还是西方,人们对化学一直都没有科学和系统的认识,直到近代,法国的拉瓦锡认识并命名了氧气和氢气,人们才终于推开了化学的大门。到了近现代,化学成为一门系统的学科,越来越多的人投身于化学研究之中。

作为一门学科,化学是奇妙的,研究着世界里的一切物质变化。化学,其实就是"变化之学",你会发现化学变化存在于你身边的每个角落:蜡烛燃烧、铁钉生锈、植物的光合作用……一切的一切,都体现了化学的奇妙之处。

而这些变化，是有规律可循的，化学的研究把这些规律呈现在我们的面前。科学家利用这些规律，把它们应用在科学技术和生产领域，制造出许许多多便利着我们生活的东西，比如塑料。你或许不知道，以前，我们的世界中是没有塑料的。1909 年，化学促使了人类历史上第一个人工合成的塑料的出现，然后越来越多的塑料制品出现在了我们的生活中，为我们的生活提供了更多便利。化学还通过自身的发展，渗透进新材料、新能源等各种领域，为我们的社会、我们的生活创造出更多的可能性。

许许多多的化学反应也为我们呈现出美丽的色彩。研究化学的过程，其实就是发现美的过程：你可以观察到奇妙的分子结构，你可以看到放大后的食盐其实是美丽的晶体，你可以看见金属铜在置换金属银时形成的美丽的"树林"，你还可以观察到酸碱中和时颜色的瞬间变化。化学给了我们一双发现美、观察美的眼睛，化学把藏在这个世界的角落里的美呈现在我们的面前。

化学还很年轻，它还等着越来越多的人去研究、去探索。而化学未来的发展走向，正是掌握在了你们的手中。

李永舫
中国科学院院士，高分子化学、物理化学专家

5

美味烧烤

撰文：Spacium

你喜欢烧烤吗？
要知道，
烧烤和化学也有关系呢。

我们都喜欢烧烤，尤其是那种炭火烧烤，燃烧起来的明亮亮的火焰把肉烤得焦香，闻起来就让人直流口水。在烧烤中起最关键作用的，就是火焰。木炭、煤炭还有天然气燃烧的时候，都会形成火焰。但是其实，这也和化学有关系呢。燃烧是一种化学变化，那化学变化是什么意思呢？其实，化学变化就是一种有新物质生成的变化。

▶延伸知识

木炭、煤炭还有天然气

很久很久以前的一天，雷电引燃了树木，意外的雷火改变了人们的饮食。木材燃烧后，残留下来了木炭，慢慢的，人们也建造了木炭窑去制造木炭。而煤炭是远古生物在地层中形成的化石，这种能源的形成过程非常漫长，需要几千年甚至几亿年。天然气也藏在地层里面，古代的人们在开凿盐井的时候，在地下发现了它。

▮主编有话说

化学变化其实存在于我们生活的各个角落，人们可以通过吃东西来获得能量，燃料通过燃烧来释放能量，这些都是化学变化。

其实，很多果汁和饮料里面都加了柠檬酸，用来改变饮料的酸甜口味。柠檬酸是一种重要的**有机酸**，它无毒无害，而且加进去还不会影响到食物本身的风味。

烧烤好吃，也要适度，注意健康饮食！

果汁酸酸的，像加了柠檬一样

秘密日记

你有没有觉得有的果汁酸酸的，就像是里面加了柠檬一样。我们知道柠檬是酸的，可是有的果汁明明不是柠檬汁，那为什么会酸酸的呢？

古诗里面的奇妙化学

中国古诗词中有很多形容化学变化的诗句，让我们一起找找看吧！ 撰文：十九郎

我是分子，我爱读古诗！

"野火烧不尽，春风吹又生。"这句诗中就出现了燃烧现象。

"千锤万凿出深山，烈火焚烧若等闲。"精辟地道出了生产生石灰的过程。

关于微粒：
你真的看不见它们

撰文：波奇

你知道吗，我们的世界是由各
种各样的物质组成的。地球是物质，海洋
是物质，大陆是物质，你住着的房子是物质，
就连你自己——人体本身都是一种物质。
那物质又是由什么构成的呢？
学者们提出一个构想，他们认为物质是由肉眼看不到
的微小粒子构成的。后来，这个构想就被证实了。
世界的确是由微粒构成的，
那么什么是微粒呢？

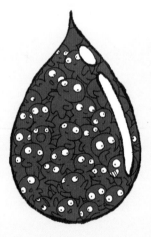

无处不在的分子

不同分子的结构各不相同，有的分子是直线形的，有的是 V 形的，还有四面体、八面体的。

撰文：一喵师太

分子是一种微粒，虽然我们的眼睛不能直接看到分子，但是分子无处不在。生活中常见的水，就是由无数的水分子构成的；我们呼吸的空气里，就有许多不同的气体分子。

分子是个小不点，它的体积和质量通常都很小。它有多小呢？一滴水中，有 1.67×10^{21} 个水分子。如果地球上的每个人都是一个水分子，那么一滴水中的水分子就相当于 200 亿个地球上人的总数呢！

不过分子就像是不安分的小精灵，总是想往外跑。如果你打开一个酒坛的盖子，酒里面的分子就会一窝蜂地往外跑，在空气中四处飘荡，这种现象就叫作扩散。酒分子扩散到空中之后，想去哪里就去哪里，这就是为什么"酒香不怕巷子深"。而这，其实就是分子的无规则运动。分子不仅可以在空气中扩散，还可以在固体和液体中扩散。而且，温度越高，分子扩散得越快。所以分子的扩散又叫"分子热运动"。

小小原子，"五脏"俱全

撰文：硫克

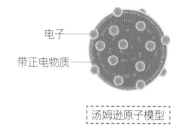

电子

带正电物质

汤姆逊原子模型

约翰·道尔顿

性　　别 男
生 卒 年 1766—1844
国　　籍 英国
主要成就 提出原子学说

约瑟夫·约翰·汤姆逊

性　　别 男
生 卒 年 1856—1940
国　　籍 英国
主要成就 发现电子

人们对原子的了解过程是真正一步一个脚印堆砌出来的，古希腊的原子论一直到 1803 年才被打破——英国科学家道尔顿提出了真正的原子学说。

道尔顿认为，化合物是由两种或两种以上元素的原子组成的，而化学反应就是不同原子的分离、结合和重新组合。

道尔顿提出，原子是不能再被分割的实心小球，不同元素的原子是不同的，并且提出了原子在化学反应中担任的角色。现代化学将原子视为化学变化中的最小微粒就是从这里开始的。

在道尔顿之后的很长时间内，大约将近一个世纪，人们都认为原子无法再分割，幸运的是，1897 年英国科学家汤姆逊在原子内部发现了更小的粒子：电子，并且在此基础上提出了新的原子模型。

汤姆逊提出，原子是由许多带负电的电子和带正电物质组成的。

汤姆逊认为，虽然原子中既有带正电的部分，也有带负电的部分，但原子作为一个整体，是中性的，所以原子内包含的正电荷数目和负电荷数目是相等的。

电子运转轨道

原子核

电子

玻尔原子模型

但是汤姆逊的学生卢瑟福在1911年提出了新的原子模型。他在实验中发现了原子核的存在，原子核就是存在于原子内部的一个又重又小并且带着正电的结构。

卢瑟福提出，原子内部的大部分空间都是空的，只是中央有一个原子核，电子在外围随意地围绕原子核运转，就像行星围绕着太阳转一样。几年后，卢瑟福又发现原子核是由质子和中子组成的。

卢瑟福也认为，电子带负电，原子核带正电。原子核的体积虽然很小，但是很重，几乎等于整个原子的重量。

卢瑟福的理论看起来已经很完善了，但是电子随意地围绕原子核运转却不那么有说服力。因为按照卢瑟福的原子模型运转，高速运转的电子在不停地向外发射能量，最终会因为能量损失而落到原子核上，使整个原子变得很不稳定，但现实中的原子是很稳定的。

1913年，丹麦科学家玻尔提出了新的原子模型，解决了卢瑟福原子模型的缺陷。

玻尔认为，电子并不是随意运转的，而是沿着一些特定的轨道运转，运转的时候不吸收也不发出能量，但有时会从一个轨道跳跃到另一个轨道上，这时候就会发出或者吸收能量了。

欧内斯特·卢瑟福

性　　别	男	
生 卒 年	1871—1937	
国　　籍	英国	
主要成就	发现原子核和质子	

尼尔斯·玻尔

性　　别	男	
生 卒 年	1885—1962	
国　　籍	丹麦	
主要成就	玻尔原子模型	

◀ **延伸知识**

你要知道，原子是可以得到或者失去电子的。这个时候，它就会变成带电的粒子，也就是离子。

原子蕴藏的能量

撰文：十九郎

别看原子那么小，里面可是藏着大大的能量。原子能又叫作核能，是原子核发生变化时释放出的能量。比如核裂变就能产生巨大的能量，人们将它用在军事上，发明了原子弹。

原子核还可以发生核聚变，
两个原子核碰撞在一起发生聚合作用，
会变成更重的原子核，
同时释放出巨大的能量。

只有比较轻的原子
才能发生核聚变。

核聚变发出的能量比核
裂变还要大。太阳发光
发热，是因为它时时刻
刻都在发生着核聚变。

我们的世界 撰文：波奇
是元素的世界

元素，或者说化学元素，
组成了我们生活的这个世界。

元素只有一百多种，可是却能组成宇宙中的一切物质。我们脚踩的土地是由元素组成的，我们时刻都在呼吸着的空气是由元素组成的，连天上东升西落的太阳也是由元素组成的。

不同的物体中，各种元素的含量不同。在地壳中，氧元素含量最高。在空气中，氮元素含量最高。

那么元素到底是什么呢？在化学中，元素就是质子数相同的一类原子的总称。比如氧原子和氧离子，都属于氧元素。

由同一种元素组成的纯净物，就是单质，比如说氢气球里的氢气；由两种或两种以上的元素组成的纯净物叫作化合物，比如我们吃的食盐的主要成分氯化钠。

主编有话说

纯净物由同一种物质组成，像是空气中的氧气、氮气、二氧化碳就是纯净物。但是我们把这些纯净物混合在一起，就会变成有两种或者两种以上物质组成的混合物。

▶延伸知识

一个字母表示的元素符号要大写；两个字母组成的元素符号，首字母大写，第二个字母小写。

元素一般用其拉丁文名称的首字母来表示。如果遇到首字母相同的情况，就加上第二个字母来区分。

　　元素是个大家族，要想把家族中每一个成员都表示出来可不是一件容易的事。于是科学家们就想出用特定的符号来表示不同的元素。曾经有一个化学家发明了一种图形加字母的形式作为元素符号，可是由于这种方式不方便记忆和书写，后来人们就统一采用元素拉丁文名称的缩写来表示元素。

▶延伸知识

元素符号既表示一种元素，也表示一个原子。如"O"既可以表示氧元素，也可以表示一个氧原子。

氧元素

氧原子

元素周期表

撰文：Spacium

我们来给元素们排排队吧！仔细看元素周期表，你能发现很多有趣的信息。

黄色的格子里都是金属元素，它们排列在左侧。

蓝色的格子里都是非金属元素，除氢以外，都排列在右侧。

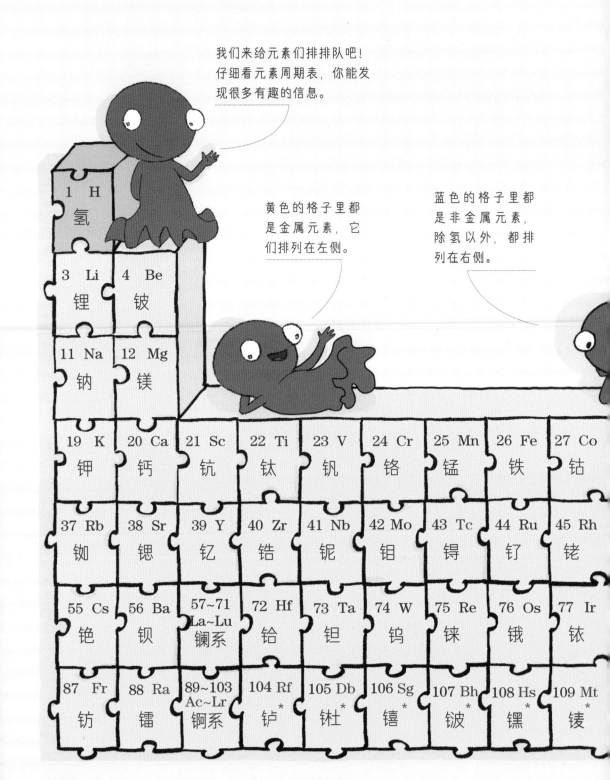

带 * 号的元素，是人造元素。
放射性元素的符号是红色的。

元素周期表可以说是元素的全家福，世界上第一张元素周期表是俄罗斯科学家门捷列夫编成的，那张表里只有 60 多种元素。后来，通过了各国科学家的努力，才有了现在这一张包含了 100 多种元素的元素周期表。

像变魔术一样的 化学变化

撰文：Spacium

无论是分子还是原子，我们都不能用肉眼看到。那化学世界就只能借助仪器去观察了吗？其实，我们的身边一直都在发生着神奇的化学变化。只要你用心去看，你就可以发现其中的奥妙。

那么什么是化学变化呢？其实，有新物质生成的变化，就是化学变化，又叫化学反应。一般情况下，质地和颜色发生了变化，说明有新物质生成。

化学变化在我们的生活中真的很常见。你在吃东西的时候，体内会发生一系列的化学变化，从而让身体获得营养。植物也会利用太阳光，把水和二氧化碳做成"大餐"。还可以利用微生物帮助我们完成一些神奇的化学变化，比如制作酸奶——在乳酸菌的帮助下，牛奶可以变成酸奶。

炼丹的奇特产物

在古代，人们都希望世间有让人吃了就能够长生不老的丹药。所以，很早很早的时候，炼丹家们就开始为了炼制长生不老的丹药而想尽办法。有一种使用硫黄、硝石和木炭炼制丹药的方法，但使用这三种材料炼丹非常危险，一不小心就会发生爆炸。

这是因为硫黄、硝石和木炭粉末混合在一起极易燃烧，而且燃烧激烈。它们燃烧时就会发生化学变化，产生大量

离不开氧的氧化反应

铁生锈是化学变化的一种。生锈的铁变成了红棕色，而且表面也不光滑了，这是因为铁和空气中的水及氧气发生了化学反应，生成了锈，锈就是一种氧化物。

像这种物质和氧发生的化学反应有一个专门的名字，叫作氧化反应。没有了氧气，氧化反应也不会发生了。氧化反应很常见，做饭时要点燃天然气，天然气的主要成分是甲烷，甲烷需要氧气才能燃烧，燃烧就是一种氧化反应。

敲黑板

燃料在燃烧时发生的反应是氧化反应。
反应过程中释放的热量可以帮助我们烹制食物。

●秘密日记

你知道有名的青铜器吗？听说青铜器刚被制作出来的时候并不是青色的，而是像黄金一样的土黄色，古人也把它叫作金。但是青铜器经过数千年的氧化，表面出现了一层青灰色的锈，所以现在我们叫它青铜。

的气体（氮气、二氧化碳）和热量，原来体积很小的固体火药，体积突然膨胀，猛增至几千倍。如果将它们封在密闭的容器或者空间内燃烧，就会发生爆炸。

这就是中国古代最原始的火药的由来。

ⓘ主编有话说

易燃是一种物质的化学性质，氢气就具有易燃性，它是一种易燃气体。除了易燃外，物质的化学性质还包括腐蚀性、稳定性等。

元素合体——化合反应

化学反应分为好多种，其中一种就是化合反应。　　　　　撰文：波奇

上下求索 ● EXPLORATION

敲黑板

氢气被点燃以后，会和氧气发生化学反应，生成水。

两种物质反应，生成一种新的物质，这种化学反应就叫化合反应。

分身有术——分解反应

和化合反应不同，分解反应可以把一种物质变成两种或两种以上其他的物质。

撰文：Spacium

分子绑架案——置换反应

置换反应就是让一种单质和一种化合物发生反应，生成新的单质和新的化合物。
在下面的这场绑架案里，铁和铜就是单质，硫酸铜和硫酸亚铁就是化合物。　　撰文：洛普

铁子弹真可怕!

小铜人被我们救出来了。

CuSO₄

我们的铁子弹打到了硫酸铜上,发生了置换反应,铁就把铜置换出来了。

铁

铜被铁置换出来后,蓝色的硫酸铜溶液会变成浅绿色的硫酸亚铁溶液。

一起来跳舞——复分解反应

大家在舞会上交换了一些东西,然后发生了神奇的复分解反应!

撰文:李梓涵

液体就是溶液吗？

撰文：波奇

你听说过"溶液"这个词吗？液体就是溶液吗？其实，并不是所有的液体都是溶液，比如你经常喝的牛奶，它就不是溶液。

敲黑板

1. 溶液是一种或几种物质分散到另一种物质里形成的均一、稳定的混合物。
2. 溶质是溶液中被溶解的物质。
3. 溶剂是溶液中能够溶解其他物质的物质。

溶液是我们生活中的重要组成部分，在我们的身边随处可见。我们家里的苏打水、汽水、酒和醋，都是溶液大家族的成员。因为溶液里面的微粒间的间隔比较大，不会阻碍光线透过，所以溶液大多数是透明的。

溶液是由溶质和溶剂组成的。如果我们要制作

一杯盐水，水就是溶剂，加进去的食盐就是溶质。加热、搅拌或者将食盐提前研磨，都可以加速食盐在水中的溶解哦。

乳化

洗洁精

牛奶不是溶液，它是溶液的"亲戚"——乳浊液

和溶液比起来，乳浊液里面的粒子分布不是很均匀，而且还不能透光。厨房里常用的洗洁精是一种乳化剂，用它清洗油污的时候，可以把油在水中分散成细小的液滴，形成的乳浊液稳定性增强，这样一来，油污就好冲洗了。

● 秘密日记

谁能溶于水？

通常我们把能溶于水的物质称为水溶性物质。哪种物质溶于水，一目了然。

食盐易溶于水

油不溶于水

白糖易溶于水

铁不溶于水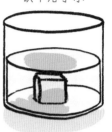

你爱的碳酸饮料

不仅固体可以溶于水，一些气体也可以溶解在水中。碳酸饮料就是通过把二氧化碳气体加入到调配好的糖浆中获得的。

▶延伸知识

二氧化碳会溶于水，同时与水发生反应，生成碳酸。碳酸受热后，又会变回二氧化碳和水。

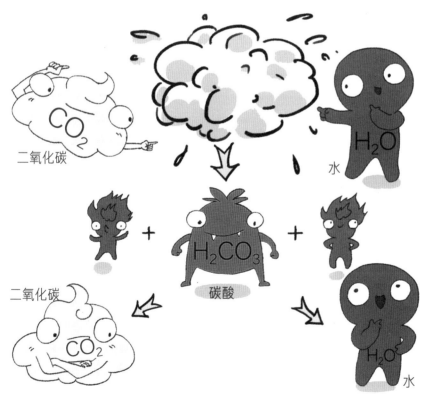

二氧化碳 CO_2

水 H_2O

二氧化碳 CO_2 + H_2CO_3 碳酸 + H_2O 水

溶液大胃王

撰文：硫克

什么都吃不下的溶液就是饱和溶液。也就是说，在一定温度下，向一定量的溶剂里加入某种溶质，当溶质不能继续溶解时，所得到的溶液就叫作这种溶质的饱和溶液；还能继续溶解的溶液，叫作这种溶质的不饱和溶液。

溶解度

固体的溶解度表示某固态物质在一定条件下在100克溶剂中达到饱和状态时所溶解的质量。

奇怪运动会——酸碱大战

在化学的世界里，有一对老朋友——酸和碱，它们也是一对老对手，让我们来一起看看谁能在运动会里拔得头筹吧。

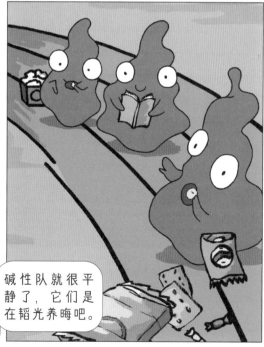

酸容易和某些活泼金属发生反应，生成盐和气体。常见的活泼金属有钙、铁、锌、铝等。而不活泼的金属，比如金、银、铜，就很难与酸发生反应。

看来这次拳击比赛要平局了。

酸与碱在一起会发生中和反应。氢离子和氢氧根离子在反应中会生成水。

酸溶液中有氢离子。

碱溶液中有氢氧根离子。

我们可以看到，氢氧化钠已经吸收了全部的二氧化硫。而氯化氢完全做不到呢！

这一回合，碱性队也拿到了一分。

撰文：波奇

青出于蓝

李永舫院士

中国科学院院士，高分子化学、物理化学专家，一直在光电功能高分子领域开展研究工作，对我国光电功能高分子领域的快速发展起到了重要的推动作用，曾获得国家有突出贡献中青年专家等多项荣誉。

化学对我们的生活有什么帮助吗？

答 当然有啦，学会化学可以做到很多事情，比如说，生锈在我们的生活中很常见，像是铁门啊，楼梯扶手啊，等等，很多金属都会生锈。那它们生锈了就要被废弃了吗？其实并不会的，我们有除锈的方法。我们可以用机械打磨金属，去除表面的氧化物，但是这个其实是一种物理办法。既然学习了化学，我们就可以把化学用到生活中了。有一种专门的除锈剂，里面装满了酸溶液，只要把除锈剂喷到金属上面，酸溶液就会和氧化物（锈）发生化学反应，把金属还原为本来面目。还有像是家里的电热水壶里面经常会有水垢（主要成分是碳酸钙），水垢是不溶于水的，很难用清水洗掉。但是学了化学，我们就会知道碳酸钙可以和醋酸发生反应，所以，只要我们用加了醋的水在电热水壶里泡一泡，就能很轻松地去除水垢了。

您眼中的化学是什么样子的呢？

答 我觉得化学是一个美丽的学科。世界万物都是由化学元素组成的，化学有奇妙的反应，有惊人的力量，它看似平淡无奇，却在能源、材料、医药、信息、环境和生命科学等研究领域发挥着其他学科不可替代的作用。学习化学是一个神奇且充满乐趣的过程：你会发现这个世界每时每刻都在发生奇妙的化学变化，万事万物都离不开化学。世界上的各种变化不是杂乱无章的，而是有其内在的规律，都被各种化学反应式在背后"操控"。学习化学就像是"探案"，有实验室里见证奇迹的过程，也有对实验结果的演算分析。

化学的未来是什么？

答 化学的未来一定要是绿色的。就像是火能取暖，也能烧毁一整片森林一样，化学在为我们创造出更多的可能性时，也由于人类的不当利用而给我们的地球带来了破坏性的影响。过量的废弃塑料污染了土地，化工厂排出的废水污染了我们河流，我们需要让化学变成"绿色"，才能够更好地去利用化学。未来的世界是你们的，那么多的可能性等待着你们去发现。未来的化学也在等着你们，去创造更美好的明天。

THINKING 头脑风暴

食盐的老家在哪里？

撰文：波奇

我们可以从超市买到食盐，
可是食盐的"老家"当然不会是超市。
那食盐的老家在哪里呢？

答 要寻找食盐的老家，我们首先要知道食盐本身到底是什么。食盐的主要成分是氯化钠，氯化钠是氯离子和钠离子组成的化合物，氯和钠是两种元素，你可以在元素周期表中找到它们。

氯化钠在自然界中分布很广，海水中就有着大量的氯化钠。在很久很久以前，我们的祖先就开始"煮海制盐"了。海水可以看作是氯化钠的水溶液，"煮海制盐"其实就是通过蒸发溶剂获得溶质的过程，这个时候溶质就会以晶体的状态出现，这个过程就叫作结晶。在阳光的照射下，海水中的水变成气体蒸发到了空气里，剩下的氯化钠就结晶出来了。不过这个时候的盐还是原盐，里面还有许多杂质，需要经过进一步加工，食盐才会被送进超市里。

除了海水以外，盐湖、盐井中都有氯化钠的身影。所以，食盐的老家不在超市里，食盐就在神奇的大自然中，而食盐能走进千家万户，靠的就是化学这位能工巧匠。

01 在实验室中，通常会让钠和氯气发生反应而生成氯化钠。这个过程属于什么呢？（　　）

    A. 物理变化

    B. 化学变化

    C. 分解反应

六年级 科学

02 化合物是由两种或者两种以上元素组成的物质，它是纯净物的一种，氯化钠就是一种化合物。那包含着氯化钠的海水是什么呢？（　　）

    A. 化合物

    B. 纯净物

    C. 混合物

03 通过蒸发结晶的方式，可以找出海水中的氯化钠。那这个过程属于化学变化吗？

04 中国是世界上海盐产量最大的国家之一，可是随着生态环境被破坏，海水也遭到了污染，很多人都在担心海盐会不会也被污染。作为未来世界的小主人，我们该怎么做呢？

五年级 科学

名词索引

头脑风暴答案

P32 找不同答案

1.B

2.C

3. 不属于，因为没有生成新物质。

4. 参考答案：首先，我们不需要惊慌，因为我们除了有海盐以外，还有湖盐、井盐，而且，我们国家井盐的储量非常丰富。其次，作为世界的一分子，我们应该从小事做起，比如不乱扔垃圾、做好废物回收等，好好保护我们的地球。

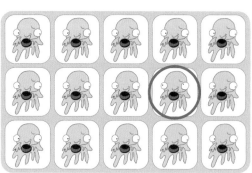

致谢

《课后半小时 中国儿童核心素养培养计划》是一套由北京理工大学出版社童书中心课后半小时编辑组编著，全面对标中国学生发展核心素养要求的系列科普丛书，这套丛书的出版离不开内容创作者的支持，感谢米莱知识宇宙的授权。

本册《奇妙化学 打开魔术的大门》内容汇编自以下出版作品：

[1]《这就是化学》，四川教育出版社，2020 年出版。

[2]《进阶的巨人》，电子工业出版社，2019 年出版。

[3]《奇思妙想一万年：技术与发明》，北京理工大学出版社， 2021 年出版。

[4]《看文明：200 个细节里的中国史》，北京理工大学出版社，2022 年出版。

图书在版编目（CIP）数据

课后半小时 : 中国儿童核心素养培养计划 : 共31册/
课后半小时编辑组编著. -- 北京 : 北京理工大学出版社, 2023.5
　　ISBN 978-7-5763-1906-4

　　Ⅰ.①课… Ⅱ.①课… Ⅲ.①科学知识—儿童读物
Ⅳ.①Z228.1

中国版本图书馆CIP数据核字(2022)第233813号

出版发行 / 北京理工大学出版社有限责任公司

社　　　址 / 北京市海淀区中关村南大街5号

邮　　　编 / 100081

电　　　话 / （010）82563891（童书出版中心）

网　　　址 / http://www.bitpress.com.cn

经　　　销 / 全国各地新华书店

印　　　刷 / 雅迪云印（天津）科技有限公司

开　　　本 / 787毫米×1092毫米　1 / 16

印　　　张 / 83.5

字　　　数 / 2480千字　　　　　　　　　　　　　　责任编辑 / 王玲玲

版　　　次 / 2023年5月第1版　2023年5月第1次印刷　　文案编辑 / 王玲玲

审 图 号 / GS（2020）4919号　　　　　　　　　　责任校对 / 刘亚男

定　　　价 / 898.00元（全31册）　　　　　　　　　责任印制 / 王美丽